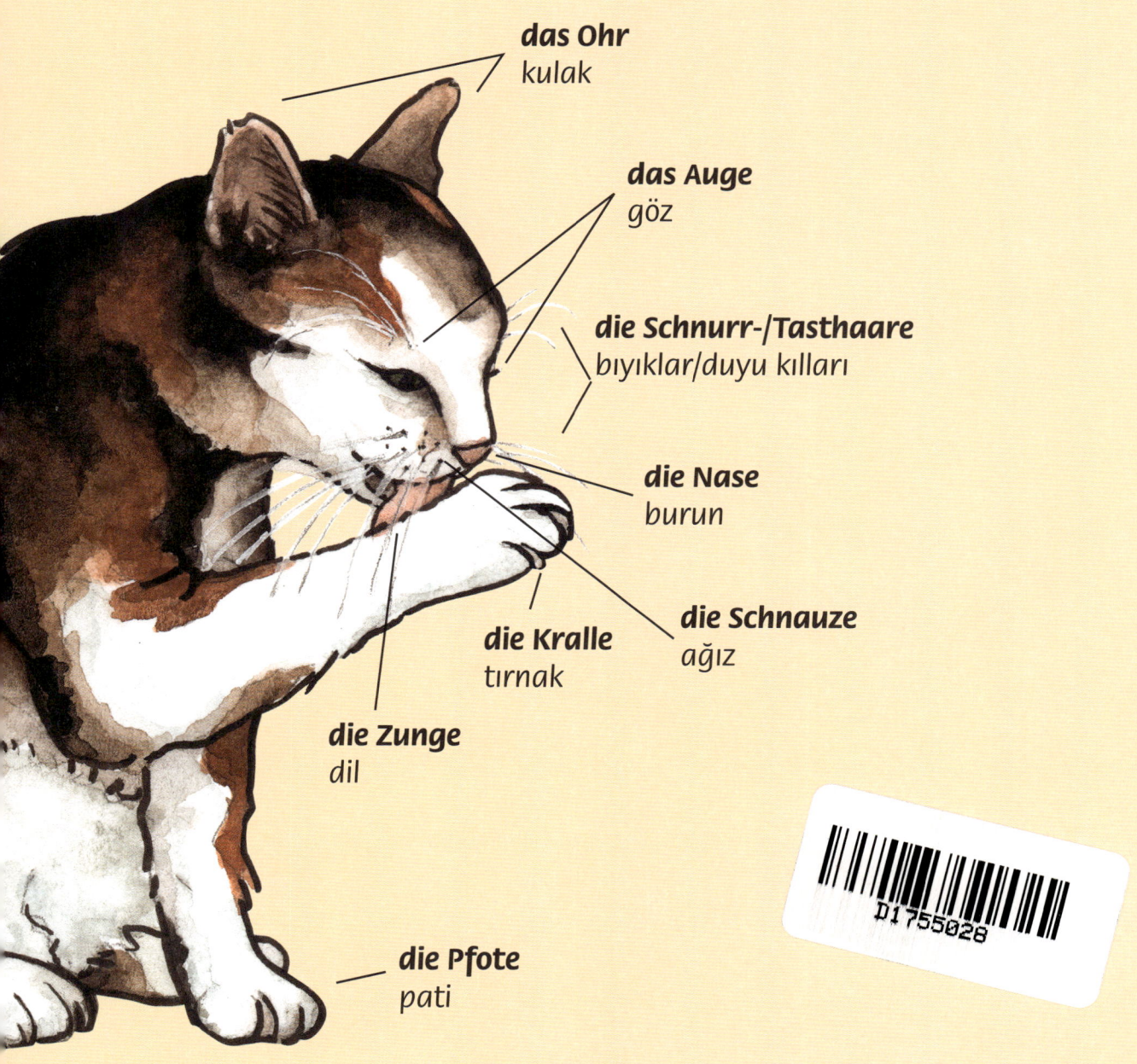

Bijou, die Findelkatze
Minik Bijou Aile Arıyor

Ria Gersmeier · Carina Welly
Illustrationen von Katja Kiefer

Deutsch-türkische
Ausgabe

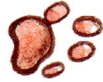

Familie Braun fährt in diesem Sommer nicht in den Urlaub. Dafür spielen die beiden Geschwister Malte und Anna-Lena jetzt oft im Garten. Eines Tages bemerken sie, dass eine kleine gescheckte Katze sie aus den Büschen heraus beobachtet. Das Kätzchen ist neugierig, aber scheu. Wenn die Kinder sich der Katze nähern, läuft sie ein Stück weg. Dann aber bleibt sie stehen und schaut sich nach den beiden um.

Braun Ailesi bu yaz tatile gitmedi. Malte ve Anna-Lena kardeşleri bütün günlerini bahçede oynayarak geçiriyorlar. Bir gün minik benekli bir kedinin onları çalıların arasından izlediğini fark ettiler. Kedicik hem çok meraklı, hem de ürkek. Çocuklar ona yaklaştığında kaçıyor, sonra duruyor, arkasına dönerek onlara bakıyor.

die Hängematte
hamak

Familie Braun
Braun ailesi

das Zelt
çadır

der Junge
oğlan

das Kätzchen
kedicik

Malte und besonders Anna-Lena haben die kleine Katze sofort in ihre Herzen geschlossen und stellen ihr jeden Morgen eine Schüssel mit Milch in den Garten. Als die Nachbarin Frau Lehmann bei der Familie Braun vorbeikommt, sieht sie gleich, dass es eine noch junge Katze ist. Sie erklärt Malte und Anna-Lena, dass Katzen Kuhmilch nur schlecht vertragen und dass sie der kleinen Scheckigen besser spezielle Katzenmilch und Futter für Katzenkinder kaufen sollten.

Malte, özellikle de Anna-Lena kediyi çok sever. Her sabah bahçeye bir kap süt koymaya başlarlar. Bir gün komşuları Bayan Lehmann Braun Ailesine uğradığında kedinin henüz bir yavru kedi olduğunu hemen görür. Malte ve Anna-Lena'ya kedilerin inek sütünü sindiremediklerini açıklar. Minik benekli kediye özel kedi sütü ya da kedi maması almalarını söyler.

das Regal
raf

die Dose
kutu

die Flasche
şişe

die Geldbörse
cüzdan

die Münze
bozuk para

Mit der Zeit wird die kleine Katze immer zutraulicher und lässt sich schließlich sogar von Anna-Lena und ihrem Bruder streicheln. Erst jetzt erkennen die Geschwister, wie hübsch die kleine Katze ist: Ihr Fell ist rot, braun und weiß gescheckt – eine Glückskatze, sagt Frau Lehmann – und ihre Augen funkeln tief grün. Die Familie beschließt, die Katze „Bijou" zu nennen – das ist Französisch und bedeutet ‚Edelstein'.

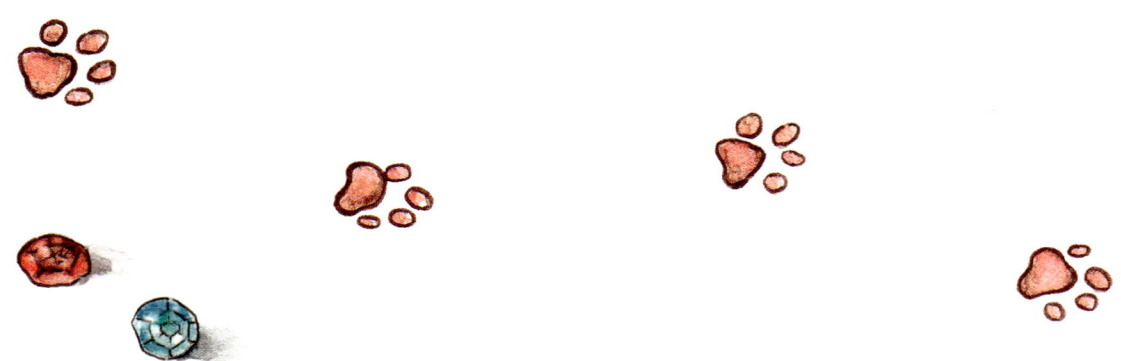

Zamanla kedicik çocuklara güven duymaya başlar. Sonunda Anna-Lena ve ağabisinin onu okşamasına izin verir. İki kardeş minik kedinin ne kadar güzel olduğunu ancak şimdi farkederler. Bayan Lehman sırtında kızıl, kahverengi ve beyaz benekleri olan kediciğin onlara şans getireceğini söyler. Gözleri koyu yeşil parlayan kediye Braun Ailesi Fransizcada ‚değerli taş' anlamına gelen „Bijou" adını verir.

 rot / kırmızı

 braun / kahverengi

 weiß / beyaz

 grün / yeşil

 streicheln / okşamak

Schon bald fahren Malte, Anna-Lena und ihre Mutter mit Bijou zum Tierarzt. Sie haben für den Transport einen kleinen Katzenkorb gekauft, durch den die Katze sich neugierig ihre Umwelt ansieht. Als die Tierärztin sie aber aus dem Korb herausholen will, wehrt sich Bijou energisch und faucht! Doch es nützt ihr nichts: Schon hat die Tierärztin die Spritze in eine Hautfalte gepiekt. Das muss sein, denn nur so ist Bijou gegen Erkrankungen wie Tollwut, Katzenschnupfen, Katzenseuche und andere Krankheiten geschützt. Dann bekommt sie noch eine Wurmkur und Bijou darf endlich wieder in ihren Katzenkorb zurück.

Çok geçmeden Malte, Anna-Lena ve anneleri Bijou'yu veterinere götürür. Onu taşıyabilmek için satın aldıkları kedi sepetinden Bijou yol boyunca merakla çevresini inceler. Veteriner onu sepetinden çıkarmaya çalıştığında Bijou tüm gücüyle direnir ve tıslar! Ama çaresi yok: Veteriner iğneyi yapmıştır bile. Bu aşıyı yaptırmak çok önemli, ancak böyle Bijou kuduz, kedi gribi, kedi gençlik hastalığı ve başka enfeksiyon hastalıklarına karşı korunmuş olur. Parazit iğnesi de yapıldıktan sonra Bijou nihayet yine sepetine döner.

das Auto
araba

der Katzenkorb
kedi sepeti

das Tierarzt-Zeichen
veteriner işareti

der Katzenimpfpass
kedi aşı defteri

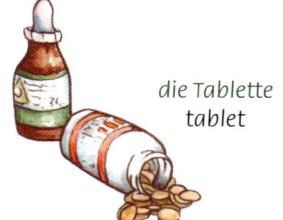
die Tablette
tablet

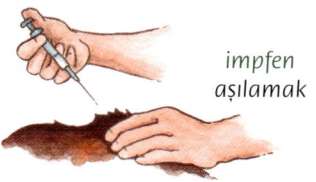
impfen
aşılamak

Bijou gehört inzwischen ganz zur Familie und geht in Haus und Garten ein und aus. Herr Braun hat eine spezielle Katzenklappe in die Tür eingebaut, durch die die Katze schlüpfen kann, wann immer sie möchte. An warmen Tagen hält sich Bijou viel im Garten auf: Sie lauert Käfern auf, die im Gras krabbeln, und macht tolle Luftsprünge, um Schmetterlinge oder Mücken zu jagen. Wenn sie vom Spielen müde geworden ist, rollt sie sich im Blumenbeet zusammen und lässt sich von der Sonne wärmen.

Biou artık ailenin bir üyesidir. Eve ve bahçeye gönlünce girip çıkar. Baba Braun kapıya açılır kapanır özel bir kedi kapısı yapar; böylece kedicik istediği her an girip çıkabilir. Hava sıcak olduğunda Bijou vaktinin çoğunu bahçede geçirir: Çimlerin arasında koşuşturan böcekleri kovalar, kelebek ya da sinekleri tutabilmek için inanılmaz yükseklere sıçrayıp durur. Oyun oynamaktan yorulduğunda çiceklerin arasına kıvrılır, güneşin tadını çıkarır.

der Käfer
böcek

die Sonne
güneş

das Blumenbeet
çiçek tarhı

die Mücke
sivrisinek

der Schmetterling
kelebek

der Marienkäfer
uğur böceği

die Katzenklappe
çılır kapanır kedi kapısı

Wenn die Nacht hereinbricht, schlüpft Bijou gerne noch mal durch die Katzenklappe nach draußen und läuft allein im Freien umher. Bei ihren Spaziergängen trifft sie auch andere Katzen und Kater aus der Nachbarschaft. Manchmal sitzt Bijou mit einem großen schwarzen Kater zusammen auf der Parkmauer und schaut mit halb geschlossenen Augen zum Mond hinauf.

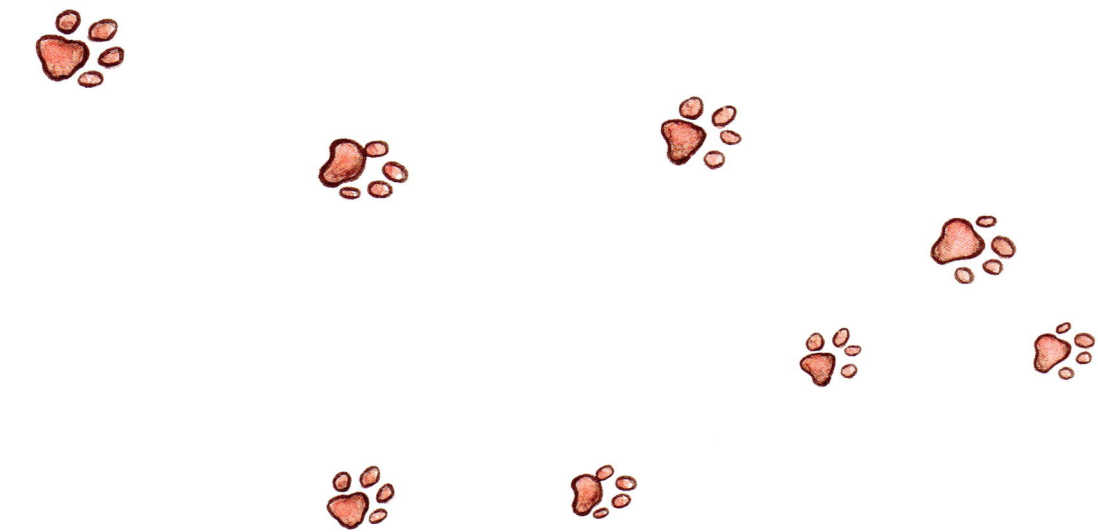

Gece bastırdığında Bijou bir kez daha kedi kapısından dışarı çıkar ve tek başına etrafı kolaçan eder. Bu gezintileri sırasında komşu evlerin kedileriyle de tanışır, arkadaş olur. Bijou çoğunlukla iri yarı siyah bir erkek kediyle birlikte park duvarının üstünde oturur, yarı kapalı gözleri ile ay dedeyi izler.

der Mond
ay

der Stern
yıldız

nach draußen schlüpfen
dışarı çıkmak

sich mit anderen Katzen treffen
başka kedilerle buluşmak

Es ist Winter geworden. Bijou geht jetzt seltener in den Garten, wo oft ein kalter Wind pfeift. Sie bleibt lieber im Haus und sucht sich ein gemütliches Plätzchen. Besonders gern kuschelt Bijou ihren flauschigen Bauch an die warme Heizung. Und wenn sie gestreichelt werden will, legt sie sich einfach schnurrend auf die Zeitung von Herrn Braun, so dass er nicht mehr lesen kann. Das wirkt immer!

Kış geldi. Bijou bahçeye pek çıkmaz artık, çünkü dışarda soğuk bir rüzgar eser. Evde kendine rahat bir yer bulur ve bütün gün yatar. En çok da kaloriferin sıcak peteğine tüylü yumuşak karnını dayayarak yatmayı sever. Okşanmayı özlediğinde ise mır mır diye Baba Braun'un o anda okumakta olduğu gazetesinin üstüne yatar. Tabii Baba Braun da gazetesini okuyamayınca onu okşamaya başlar. Bijou bu konuda her zaman başarılı olur!

der Winter
kış

der Heizkörper
kalorifer

Im Frühjahr ist Bijou trächtig, das heißt, dass sie bald Katzenbabys bekommt! Bijou läuft unruhig im ganzen Haus herum und sucht nach einem geeigneten Platz für die Geburt. Schließlich entscheidet sie sich für Anna-Lenas Puppenbett mit dem wunderschönen Betthimmel. Als es soweit ist, bringt sie hier drei winzige Katzenkinder – ein Kätzchen und zwei Kater – zur Welt. Sie sind noch blind und taub und kaum schwerer als ein Goldhamster.

İlk baharda Bijou'nun siyah erkek kediyle buluşmaları sonucunu gösterir: Karnı şişmeye başlar! Evet, Bijou hamile ve yakında yavruları olacak! Bijou evin her tarafında dolanıp durur, doğumu için uygun bir yer arar kendine. Sonunda Anna-Lena'nın üstü muhteşem tüllerle kaplı bebek yatağını seçer ve orda biri dişi ikisi erkek üç minik yavru doğurur.
Bir hamster kadar hafif olan yavruların doğduğunda gözleri tamamen kapalıdır, kulakları da duymaz.

 die trächtige Katze
hamile kedi

 das Puppenbett
bebek yatağı

 der Hamster
hamster

die Waage
terazi

Die Katzenkinder sind jetzt fast drei Wochen alt. Sie können nun sehen und wollen neugierig ihre Umgebung erforschen. Mit einiger Mühe krabbeln die drei aus dem Puppenbett hinaus. Sie schauen sich erst kurz um, dann fangen sie übermütig an zu spielen und purzeln durcheinander. Bald sind die drei Katzenkinder vom Toben müde und kuscheln sich eng an ihre Mutter heran. Bijou leckt jedem das Köpfchen und reinigt das Fell mit ihrer rauen Zunge. Das gefällt den dreien sehr: Sie schnurren zufrieden und schlafen bald ein.

Yavrular artık nerdeyse üç haftalık. Gözleri açıldı, büyük bir merakla etraflarını tanımak istiyorlar. Epey zorlanarak bebek yatağından dışarı çıkarlar. Kısaca çevrelerinde bakınır, sonra neşeyle cesaretlenerek alt alta üst üste yuvarlanmaya başlarlar. Çok geçmeden üç yavru oynamaktan yorulur, sıkı sıkı annelerine sokulurlar. Bijou herbirinin kafasını yalar, gövdelerini tırtıklı diliyle temizler. Üçü de çok mutlu olur, mırlamaya başlar, biraz sonra da uyuyakalır.

mit der rauen Zunge lecken
tırtıklı dille temizlemek

hinauskrabbeln
dışarı çıkmak

einschlafen
uyumak

Mittlerweile können sich die kleinen Katzen alleine ihr Fell putzen. Sie machen die Vorderpfoten mit ihren Zungen feucht und reinigen das Gesicht, ihre Augen und Ohren. Auch die Katzentoilette suchen die Kleinen schon selbständig auf, wie sie es von ihrer Mutter gelernt haben.

Nach etwa acht Wochen bringt ihnen Bijou das Jagen bei. Sie hat eine Stoffmaus im Maul und wirft sie hoch in die Luft. Ein kleiner Kater schleicht sehr vorsichtig mit flachem Bauch über den Boden, krallt mit seiner Pfote die Maus und schleudert sie auf den Rücken seiner Schwester. Dann schleichen sich beide an die Maus an und springen wild um sie herum. Der andere Kater dagegen interessiert sich mehr für Anna-Lenas großen Stofftiger.

Minik kediler artık kendileri yalanarak temizlenebiliyorlar. Ön patilerini diliyle ıslatıp yüzlerini, gözlerini, kulaklarını temizliyorlar. Annelerinin onlara tuvaletlerini kedi kumuna yapmayı öğrettiği gibi, artık tek başına da kuma gidiyorlar. Yaklaşık sekiz hafta sonra Bijou onlara avlanmayı öğretir. Ağzındaki kumaş fareyi havaya fırlatır. Erkek yavrulardan biri sessizce sürünerek yaklaşır, tırnağıyla fareyi yakalar ve kızkardeşinin sırtına doğru fırlatır. Sonra ikisi sessizce fareye yaklaşıp, aniden etrafında koşuşturmaya başlarlar. Öteki erkek kedi ise daha çok Anna-Lena'nın büyük kumaş kaplanıyla ilgilenir.

das Fell putzen
tüy temizlemek

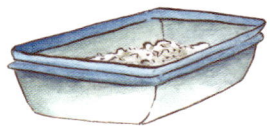

die Katzentoilette
kedi kumu

Mit gut zwei Monaten sind die drei schon große Katzenkinder. Bei ihrer Mutter dürfen sie nun keine Milch mehr trinken, da helfen kein Miauen und auch keine Milchtritte auf Bijous Bauch. Es ist an der Zeit sich zu trennen. Malte und Anna-Lena haben schon ein neues Zuhause für die kleinen Katzen gefunden: Ein Kater wird bei Maltes Freund Johannes aufgenommen und das Kätzchen zieht zu Maltes und Anna-Lenas Oma Elisabeth. Der zweite Kater bleibt bei der Familie Braun und wohnt gemeinsam mit Bijou in Haus und Garten.

İki aylık olduklarında üçü de bebek kedi olmaktan çıkar. Artık anneleri onlara süt emzirmez; miyavlamalarına ve karnını yoğurmalarına da hiç aldırış etmez. Ayrılık vakti geldi. Malte ve Anna-Lena yavrulara yeni aile buldular bile: Bir erkek yavruyu Malte'nin arkadaşı Johannes alır; dişi kedi de Malte ve Anna-Lena'nın büyükanneleri Elisabeth'in yanına taşınır. İkinci erkek yavru ise Braun Ailesi'nde kalarak Bijou ile birlikte bundan böyle evde ve bahçede yaramazlıklarına devam eder.

Milchtritte machen
karın yoğurmak

der Freund
arkadaş

die Oma
büyükanne

In der Reihe „BiLi" sind erschienen:

Bijou, die Findelkatze/Bijou, the Foundling
Deutsch-englische Ausgabe
ISBN 978-3-487-08816-7
Bijou, die Findelkatze/Найдёныш Бижу
Deutsch-russische Ausgabe
ISBN 978-3-487-08817-4
Bijou, die Findelkatze/Minik Bijou Aile Arıyor
Deutsch-türkische Ausgabe
ISBN 978-3-487-08818-1

Johnny, der Setter/Johnny, the Irish Setter
Deutsch-englische Ausgabe
ISBN 978-3-487-08813-6
Johnny, der Setter/Сеттер Джонни
Deutsch-russische Ausgabe
ISBN 978-3-497-08814-3
Johnny, der Setter/Küçük Setter Johnny
Deutsch-türkische Ausgabe
ISBN 978-3-487-08815-0

Bärenleben/Life with the Bears
Deutsch-englische Ausgabe
ISBN 978-3-487-08810-5
Bärenleben/Жизнь медведей
Deutsch-russische Ausgabe
ISBN 978-3-487-08811-2
Bärenleben/Ayıların Hayatı
Deutsch-türkische Ausgabe
ISBN 978-3-487-08812-9

Die Deutsche Nationalbibliothek verzeichnet diese Publikation
in der Deutschen Nationalbibliografie; detaillierte bibliografische
Daten sind im Internet über http://dnb.d-nb.de abrufbar.

Alle Rechte vorbehalten

BiLi – Zweisprachige Sachgeschichten
für Kindergarten und Grundschulkinder
in der Kollektion OLMS junior

© Georg Olms Verlag AG 2009
www.olms.de/bili/

Illustrationen: Katja Kiefer
Übersetzung ins Türkische:
textshop – intercultural communication services
Türkisch-Lektorat: Asim Onat, Sibel Mayer
Gesamtgestaltung und Produktion:
Weiß-Freiburg GmbH – Grafik & Buchgestaltung

Printed in Singapore

ISBN 978-3-487-08818-1

Die Hauskatze (Felis catus) – ein Steckbrief

Geschichte: Die nordafrikanische Wild- oder Falbkatze ist die Vorfahrin aller Hauskatzen. Schon im Alten Ägypten wurden Katzen von Menschen als Heimtiere gehalten. Hauskatzen haben im Laufe der Jahrtausende viele verschiedene Fellfarben ausgebildet. Außerdem gibt es viele vom Menschen gezüchtete Katzenrassen. Zu den bekanntesten Rassekatzen gehören die Siam- und die Perserkatze sowie die Karthäuser Katze.

Körperbau: Hauskatzen wiegen etwa vier Kilogramm und sind ungefähr fünfzig Zentimeter lang und 35 Zentimeter groß, ihr Schwanz misst noch einmal etwa dreißig Zentimeter. Kater sind dabei etwas größer und schwerer als Katzen und haben einen breiteren Kopf. Die scharfen Krallen, die vor allem zum Klettern und Beutefang dienen, werden im Ruhezustand in eine Hauttasche zurückgezogen.

Zähne: Wie auch Kinder haben Katzen zunächst Milchzähne, welche nach und nach ausfallen und meist mit der Nahrung verschluckt werden. Ihr bleibendes Gebiss bildet die Hauskatze dann mit etwa einem halben Jahr aus.

Besondere Fähigkeiten: Ihr hervorragender Gleichgewichtssinn erlaubt es der Hauskatze, sich beim Fallen in die Bauchlage zu drehen und sicher auf allen Vieren zu landen; ihr Schwanz dient ihr dabei als Ruder. Mit Hilfe ihrer Tast- und Schnurrhaare über den Augen sowie an Ober- und Unterlippe kann sich die Hauskatze auch im Dunkeln bestens orientieren. Darüber hinaus sind das Gehör sowie die Augen der Katze besonders gut ausgeprägt.

Sprache: Katzen unterhalten sich durch Laute wie Miauen, Fauchen und Knurren. Aber auch durch ihre Körperhaltung können sie sich untereinander verständigen. Ein hin- und herschlagender Schwanz bedeutet beispielsweise: „Achtung, ich bin schlecht gelaunt!" Halb geschlossene Augen sind dagegen ein Zeichen von Freundlichkeit oder Zuneigung.

Schnurren: Wie Katzen schnurren ist bislang ein großes Rätsel. Sie schnurren jedenfalls immer dann, wenn sie sich besonders wohl fühlen. Die Vibration ist am ganzen Körper der Katze, besonders an der Brust zu spüren.

Leben in der Familie: Wenn eine Katze trächtig ist, bringt sie nach gut zwei Monaten Kätzchen auf die Welt; es können bis zu sieben sein. Bereits nach einem halben Jahr sind die kleinen Katzen völlig unabhängig von der Mutter. Um unerwünschten Katzennachwuchs zu vermeiden, sollten Hauskatzen, die auch ins Freie gehen, unbedingt kastriert oder sterilisiert werden.

Schlaf: Eine erwachsene Katze schläft bis zu 16 Stunden am Tag. Sie nickt mehrmals für kürzere Zeit ein, wacht dann kurz auf, gähnt, dreht sich um und schläft gleich wieder weiter. Manchmal zucken ihre Pfoten, Schnurrhaare und ihr Schwanz leicht im Schlaf, dann träumt die Katze – vielleicht von einem Wollknäuel oder einer Maus?